THE USBORNE
FIRST
THOUSAND
WORDS
IN GERMAN

Heather Amery
Illustrated by Stephen Cartwright

Revised edition by Mairi Mackinnon
Picture editing by Mike Olley

German language consultants: Tina Thieme and Birgit Zimmerer

There is ⬚⬚⬚⬚⬚⬚⬚⬚⬚ on every
doubl⬚⬚⬚⬚⬚⬚⬚⬚ nd it?

Stephen Cartwright's
little yellow duck made
his first-ever appearance in *The First
Thousand Words* over thirty years ago.
Duck has since featured in over 125
titles, in more than 70 languages, and
has delighted millions of readers,
both young and old,
around the world.

This revised edition first published in 2014 by Usborne Publishing Ltd, 83-85 Saffron Hill, London EC1N 8RT. www.usborne.com
Based on a previous title first published in 1979. Copyright © 2014,1995,1979 Usborne Publishing Ltd.

First published in America in 2014.

About this book

The First Thousand Words in German is an enormously popular book that has helped many thousands of children and adults learn new words and improve their German language skills.

You'll find it easy to learn words by looking at the **small labelled pictures**. Then you can practise the words by talking about the large central pictures. You can also **listen to the words** on the Usborne website (see below).

There is an alphabetical **word list** at the back of the book, which you can use to look up words in the picture pages.

Remember, this is a book of a thousand words. It will take time to learn them all.

Masculine, feminine and neuter words

When you look at German words for things such as "table" or "man", you will see that they have **der**, **die** or **das** in front of them. This is because all German words for people and things are either masculine, feminine or neuter. **Der** is the word for "the" in front of a masculine word, **die** is "the" in front of a feminine word, and **das** is "the" in front of a neuter word.

Die is also the word for "the" before plural words (more than one, such as "tables" or "men"). Plural words in the main part of the book are marked with *.

Looking at German words

German words for things are all written with a capital letter. German has an extra letter, **ß**, which sounds like "ss". It also has a sign called an "umlaut", which is sometimes written over "a", "o" or "u". It changes the way you say the letter, and looks like this: **ä, ö, ü**.

How to say the German words

The best way to learn how to pronounce German words is to listen to a native German speaker. You can hear the words in this book, read by a native speaker, on the Usborne Quicklinks website. Just go to **www.usborne.com/quicklinks** and enter the keywords **1000 german**. There you can also find links to other useful websites about Germany and the German language.

Please note that Usborne Publishing is not responsible for the content of external websites. Please follow the internet safety guidelines on the Usborne website.

die Farben

die Flaschen

die Goldfische

der Hubschrauber

das Puzzle

die Schokolade

Zu Hause

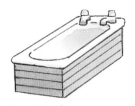

die Badewanne

das Bett

die Seife

der Wasserhahn

das Toilettenpapier

die Zahnbürste

das Wasser

die Toilette

der Schwamm

das Waschbecken

die Dusche

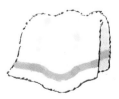

das Handtuch

Das Badezimmer

Das Wohnzimmer

die Zahnpasta

das Radio

das Kissen

die DVD   der Teppich

das Sofa

 er Stuhl

 die Daunendecke

 der Kamm

 das Bettlaken

 der Vorleger

 der Kleiderschrank

Das Schlafzimmer

 der Fernseher

 die Kommode

 der Spiegel

 die Bürste

 die Lampe

 die Bilder*

 die Kleiderhaken*

 das Telefon

Der Flur

 er Heizkörper

 das Obst

 die Zeitung

 der Tisch

die Briefe*

 die Treppe

5

Die Küche

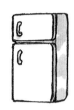

der Kühlschrank

die Gläser*

die Uhr

der Hocker

die Teelöffel*

der Schalter

das Waschpulver

der Schlüssel

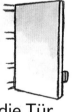

die Tür

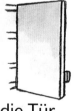

der Staubsauger

die Spüle

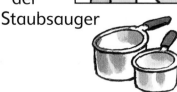

die Töpfe*

die Gabeln*

die Schürze

das Bügelbrett

der Abfall

6

der Kessel

die Messer*

der Mopp

das
Staubtuch

die Kacheln*

der Besen

die
Waschmaschine

die Schaufel

die Schublade

die Untertassen*

die Bratpfanne

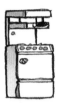
der Herd

die Kochlöffel*

die Teller*

das Bügeleisen

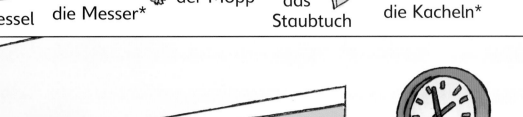

das Geschirrtuch

die
Tassen*

die Streichhölzer*

die Bürste

die
Schüsseln*

der Schrank

7

der Schubkarren

der Bienenstock

die Schnecke

die Ziegelsteine*

die Taube

der Spaten

der Marienkäfer

der Mülleimer

die Samen*

der Schuppen

Der Garten

die Gießkanne

der Wurm

die Blumen*

der Rasensprenger

die Hacke

die Wespe

die Biene

die Pflanzkelle

der Knochen

die Hecke

die Heugabel

der Rasenmäher

der Weg

die Blätter*

der Baum

der Rauch

die Raupe

der Rechen

das Vogelnest

die Zweige*

das Gras

der Kinderwagen

das Gemüse

das Feuer

der Schlauch

das Gewächshaus

9

Die Werkstatt

der Schraubstock

die Schrauben*

das Sandpapier

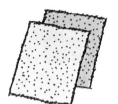

der Bohrer

die Leiter

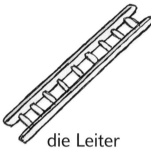

die Säge

das Sägemehl

der Kalender

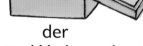

der
Werkzeugkasten

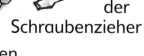

der
Schraubenzieher

das Brett

die Späne*

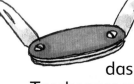

das
Taschenmesser

10

die Reißnägel*

die Spinne

die Bolzen*

die Muttern*

die Spinnweben*

das Fass

die Fliege

das Beil

das Maßband

der Hammer

die Feile

der Farbtopf

das Holz

die Nägel*

die Werkbank

die Gefäße*

der Hobel

11

das Geschäft

das Loch

das Café

der Krankenwagen

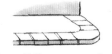
der Bürgersteig

die Statue

der Schornstein

das Dach

der Bagger

das Hotel

Die Straße

der Bus

der Mann

das Polizeiauto

die Rohre*

der Presslufthammer

die Schule

der Schulhof

12

 das Taxi

der Zebrastreifen

die Fabrik

der Lastwagen

die Ampel

das Kino

 der Lieferwagen

 die Straßenwalze

 der Anhänger

 das Haus

 der Markt

 die Stufen*

 das Motorrad

 das Fahrrad

das Feuerwehrauto

der Polizist

das Auto

die Frau

die Straßenlaterne

das Hochhaus

13

Der Spielzeugladen  die Mundharmonika

die Eisenbahn

die Würfel*

die Blockflöte

der Roboter

die Halskette

der Fotoapparat

die Perlen*

die Puppen*

die Gitarre

der Ring

das
Puppenhaus

die Pfeife

die
Bauklötzchen*

die Festung

das U-Boot

die Trompete

die Pfeile

14

der Bogen

der Fallschirm

das Boot

die Schminke

die Dampfwalze

die Masken*

der Rennwagen

das Schaukelpferd

die Sparbüchse

die Murmeln*

die Marionetten*

das Klavier

die Raumfahrer*

der Kran

die Spielkarten*

die Trommeln*

die Soldaten*

der Malkasten

die Rakete

15

die Schaukeln*

der Sandkasten

das Picknick

der Drachen

das Eis

der Hund

das Tor

der Weg

der Frosch

die Rutsche

Der Park

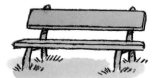

die Bank

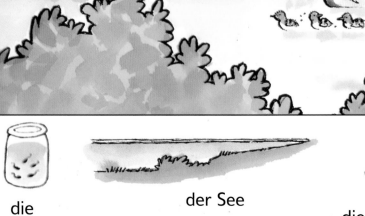

die Kaulquappen*

der See

die Inlineskates*

der Busch

das Baby

das Skateboard

die Erde

der Buggy

die Wippe

die Kinder*

das Dreirad

die Vögel*

der Zaun

der Ball

das Boot

die Schnur

die Pfütze

die Entchen*

das Springseil

die Bäume*

das Blumenbeet

die Schwäne*

die Hundeleine

die Enten*

17

Die Tiere*

der Panda

der Flügel

der Adler

das Nilpferd

der Affe

die Fledermaus

der Gorilla

die Pfoten*

das Känguru

der Eisberg

der Schwanz

der Wolf

das Krokodil

der Pinguin

der Bär

die Federn*

der Pelikan

der Strauß

der Delfin

der Löwe

die Löwenjungen*

die Giraffe

18

der Hirsch

das Kamel

der Seehund

die Schildkröte

der Eisbär

der Rüssel

der Bison

das Nashorn

der Elefant

die Hörner*

der Biber

die Ziege

das Zebra

der Haifisch

die Schlange

der Wal

der Tiger

der Leopard

19

Reisen

die Schienen*

die Lokomotive

die Puffer*

die Wagen*

der Zugführer

der Güterzug

der Bahnsteig

die Schaffnerin

der Koffer

der Fahrkartenautomat

Der Bahnhof

Die Tankstelle

das Signal

der Rucksack

die Scheinwerfer*

der Motor

das Rad

die Batter

das Flugzeug

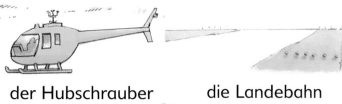

der Hubschrauber

die Landebahn

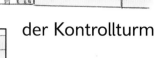

der Kontrollturm

Der Flughafen

die Besatzung

der Pilot

die Waschanlage

der Kofferraum

das Benzin

der Abschleppwagen

WASCHANLAGE

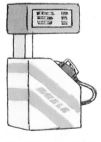

die Zapfsäule

r Tankwagen

der Schraubenschlüssel

der Reifen

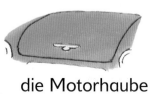

die Motorhaube

das Öl

21

Die Landschaft

die Windmühle

der Berg

der Ballon

der Schmetterling

der Salamander

die Steine*

der Fuchs

der Bach

der Wegweiser

der Igel

die Schleuse

das Eichhörnchen

der Wald

der Dachs

der Fluss

die Straße

22

die Zelte*

der Kanal

die Baumstämme*

das Dorf

die Motte

die Brücke

der Lastkahn

der Wasserfall

die Eule

der Tunnel

die Fuchswelpen*

der Maulwurf

der Angler

die Felsen*

die Kröte

der Zug

der Wohnwagen

der Hügel

23

Der Bauernhof

der Heuhaufen

der Hahn

der Schäferhund

die Lämmer*

der Teich

die Küken*

der Heuboden

der Schweinestall

der Stier

der Hühnerstall

der Traktor

die Gänse*

der Tankwagen

die Scheune

der Schlamm

der Karre

24

 der Bauer

 der Acker

 die Hühner*

 das Kalb

 der Zaun

 der Sattel

der Kuhstall

 die Kuh

 der Pflug

 der Obstgarten

 der Stall

 die Ferkel*

 der Esel

 die Truthähne*

 die Vogelscheuche

 das Heu

 die Schafe*

 die Strohballen*

das Pferd

 die Schweine*

das Bauernhaus

25

das Segelboot

Der Strand

die Muschel

das Meer

das Ruder

der Leuchtturm

der Spaten

der Eimer

der Seestern

die Sandburg

der Sonnenschirm

die Fahne

der Seemann

der Krebs

die Möwe

die Insel

das Motorboot

die Wasserski läuferin

26

die Wellen*

der Sonnenhut

die Klippe

das Schiff

das Kanu

das Seil

die Kieselsteine*

die Algen*

das Netz

das Paddel

das Fischerboot

die Flossen*

die Sonnenschutzcreme

der Fisch

der Badeanzug

der Tanker

der Strand

das Ruderboot

der Liegestuhl

27

Die Schule

die Schere

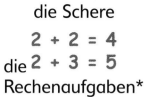

$$2 + 2 = 4$$
$$2 + 3 = 5$$

die Rechenaufgaben*

der Radiergummi

das Lineal

die Fotos*

die Filzstifte*

der Ton

die Farben*

der Junge

der Bleistift

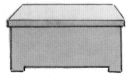

das Pult

die Tafel

die Bücher*

der Füller

der Klebstoff

die Kreide

die Zeichnun

28

der Papierkorb

die Lehrerin

die Schachtel

die Landkarte

der Pinsel

die Decke

die Wand

der Boden

das Heft

a b c d e f g
h i j k l m n
o p q r s t u
v w x y z

das Abc

das Abzeichen

das Aquarium

das Papier

die Jalousie

a b c d e f g
h i j k l m n
o p q r s t u
v w x y z

2 + 2 = 4
2 + 3 = 5

die Türklinke

die Pflanze

der Globus

das Mädchen

die Wachsmal-stifte*

die Lampe

die Staffelei

29

Das Krankenhaus

der Krankenpfleger

die Watte

die Medizin

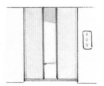
der Lift

der Bademantel

die Krücken*

die Tabletten*

das Tablett

die Uhr

das Thermometer

der Vorhang

der Apfel

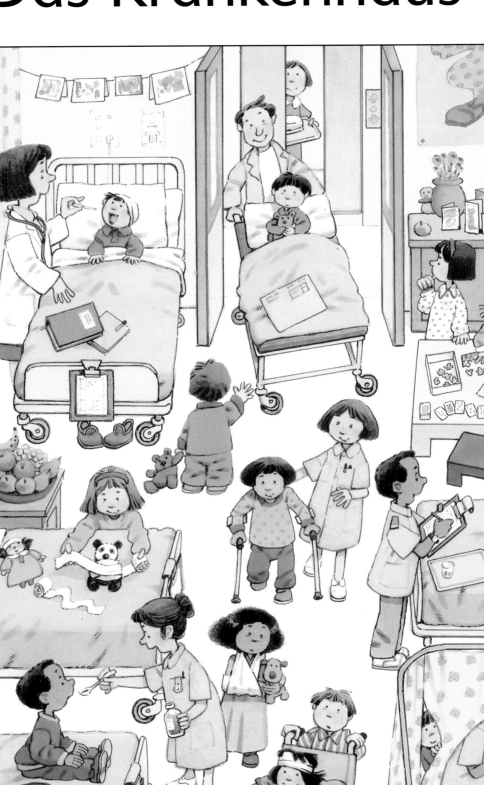

der Gips

der Verband

der Rollstuhl

das Puzzle

die Ärztin

die Spritze

Der Arzt

die Pantoffeln*

der Computer

das Pflaster

die Banane

die Trauben*

der Korb

das Spielzeug

die Birne

die Grußkarten*

die Windel

der Stock

das Kopfkissen

das Nachthemd

der Schlafanzug

die Orange

die Papiertücher*

das Comicheft

das Wartezimmer

31

der Luftballon

die Schokolade

die Brille

das Bonbon

das Fenster

das Feuerwerk

das Band

der Kuchen

Die Feier

die Geschenke*

der Strohhalm

die Kerze

die Girlande

die Spielsachen*

32

lie Clementine

die Salami

der Teddybär

die Wurst

die Chips*

die Kostüme*

die Kirsche

der Fruchtsaft

die Himbeere

die Erdbeere

die Glühbirne

das
elegte Brot

die Butter

der Keks

der Käse

das Brot

die Tischdecke

33

Der Laden

die Grapefruit

die Karotte

der Blumenkohl

der Lauch

der Pilz

die Gurke

die Zitrone

der Stangensellerie

die Aprikose

die Melone

die Tragetasche

Käse

Obst

Gemüse

die Zwiebel

der Kohl

der Pfirsich

der Salat

die Erbsen*

die Toma

die Eier*

 die Pflaume

 das Mehl

 die Waage

 die Gläser*

 das Fleisch

 die Ananas

 der Joghurt

 der Korb

 die Flaschen*

 die Handtasche

 der Geldbeutel

 das Geld

 die Konserven*

 der Einkaufswagen

 die Kartoffeln*

der Spinat

 die Bohnen*

 die Kasse

der Kürbis

35

Das Essen

das Frühstück

das weich-gekochte Ei

der Toast

die Konfitüre

das Mittagessen

der Kaffee

das Spiegelei

der Kaffee

die Cornflakes*

der Kakao

die Sahne

die Milch

der Zucker

der Honig

das Salz

der Pfeffer

der Tee

die Teekanne

die Pfannkuchen*

die Brötchen*

36

das Abendessen

der Schinken

die Suppe

das Omelett

der Salat

die Stäbchen*

der Hamburger

das Hähnchen

der Reis

das Ketchup

die Spaghetti*

der Kartoffelbrei

die Pizza

die Pommes frites*

der Nachtisch

37

Ich

der Kopf

das Haar

das Gesicht

die Augenbraue

das Auge

die Nase

die Wange

der Mund

die Lippen*

die Zähne*

die Zunge

das Kinn

die Ohren*

der Hals

die Schultern*

der Arm

der Ellbogen

der Bauch

die Zehen*

der Fuß

das Bein

das Knie

die Brust

der Rücken

der Po

die Hand

der Daumen

die Finger*

38

Die Kleidung

 die Socken*

 die Unterhose

 das Unterhemd

die Hose

 die Jeans*

 das T-Shirt

 der Rock

 das Hemd

 die Krawatte

 die Shorts*

 die Strumpfhose

 das Kleid

 der Pulli

 das Sweatshirt

 die Strickjacke

 der Schal

 das Taschentuch

 die Turnschuhe*

 die Schuhe*

 die Sandalen*

 die Stiefel*

 die Handschuhe*

 die Taschen*

 der Gürtel

 die Schnalle

 der Reißverschluss

 der Schnürsenkel

 die Knöpfe*

die Knopflöcher*

 der Mantel

 die Jacke

 die Kappe

 der Hut

Die Leute*

der Schauspieler die Schauspielerin

der Koch

der Tänzer die Tänzerin

der Sänger

die Sängerin

der Astronaut

der Polizist die Polizistin

der Metzger

der Schreiner

der Feuerwehrmann

die Künstlerin

der Richter

der Mechaniker die Mechanikerin

die Lastwagenfahrerin

der Busfahrer

der Friseur

die Zahnärztin

der Taucher

die Bäckerin

der Briefträger

der Kellner   die Kellnerin

der Maler

Die Familie

der Sohn
der Bruder
die Tochter
die Schwester

die Mutter
die Ehefrau
der Vater
der Ehemann

die Tante
der Onkel

das
Haustier

der Cousin

der Großvater

die Großmutter

Tätigkeiten*

lachen

lächeln

weinen

denken

zuhören

fangen

werfen

zerbrechen

malen

schreiben

hacken

schneiden

essen

sprechen

graben

tragen

trinken

basteln

springen

tanzen

waschen

stricken

kriechen

42

spielen

anschauen

klettern

nehmen

hüpfen

raufen

schlafen

nähen

warten

kochen

versteckeln

lesen

kaufen

schieben

singen

blasen

ziehen

fegen

pflücken

fallen

gehen

rennen

sitzen

43

Gegensätze*

lieb

böse

die Oberste

die Unterste

dick

dünn

wenige

viele

weit

nah

kalt

heiß

nass

trocken

schmutzig

sauber

über

unter

offen

zu

klein

groß

der Erste

der Letzte

links

44

draußen

drinnen

einfach

schwierig

leer

voll

weich

hart

vorn

hoch

langsam

schnell

hinten

niedrig

lang

kurz

tot

lebendig

dunkel

hell

alt

oben

rechts

neu

unten

45

Die Tage*

Montag
Dienstag
Mittwoch
Donnerstag
Freitag
Samstag
Sonntag

der Kalender

der Morgen

der Abend

die Sonne

die Nacht

der Mond

der Stern

der Weltraum

das Raumschiff

der Planet

das Teleskop

46

Die Festtage*

der
Geburtstag

die Geburtstagskarte

die Kerze

der Urlaub

das Geschenk

der Geburtstagskuchen

die Hochzeit

die Gäste*

der Fotoapparat

die Brautjungfer

die Braut

der Bräutigam

der Fotograf

Weihnachten

das Rentier

der Schlitten

der Weihnachtsmann

der
Weihnachtsbaum

47

Das Wetter

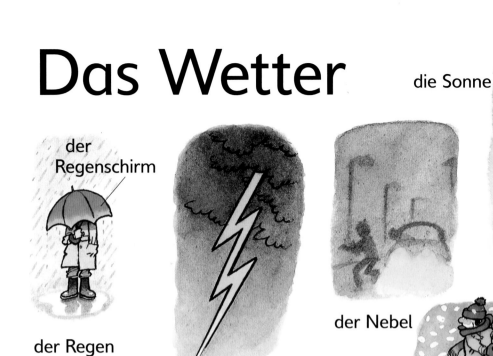

die Sonne

die Wolken*

der Himmel

der Regenschirm

der Regen

der Blitz

der Nebel

der Schnee

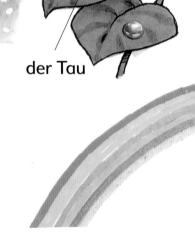

der Tau

der Wind

der Dunst

der Frost

der Regenbogen

Die Jahreszeiten*

der Frühling

der Sommer

der Herbst

der Winter

Die Haustiere*

die Tierärztin

der Hamster

die Hundehütte

das Meerschweinchen

der junge Hund

der Hund

der Wellensittich

der Papagei

der Schnabel

das Futter

der Kanarienvogel

der Käfig

das Kaninchen

die Katze

der Korb

das Kätzchen

die Milch

die Maus

die Goldfische*

49

Der Sport

das Segel

das Rudern

der Basketball

das Segeln

das Snowboarden

das Windsurfen

das Kricket

der Schläger

das Karate

der American Football

das Turnen

der Schläge

der Ball

das Tennis

die Angel

das Angeln

der Köder

der Tanz

der Baseball

das Rugby

das Springen

der Swimmingpool

das Schwimmen

das Wettrenne

das Bogenschießen

die Zielscheibe

das Drachenfliegen

der Helm

das Jogging

das Radfahren

das Klettern

das Judo

das Schließfach

das Pferd

das Pony

der Umkleideraum

der Fußball

das Reiten

das Badminton

die Schlittschuhe*

das Tischtennis

das Schlittschuhlaufen

der Skistock

der Sessellift

der Ski

das Skilaufen

das Sumo

Die Farben*

orange

grün

schwarz

grau

rot

braun

rosa

weiß

blau

lila

gelb

Die Formen*

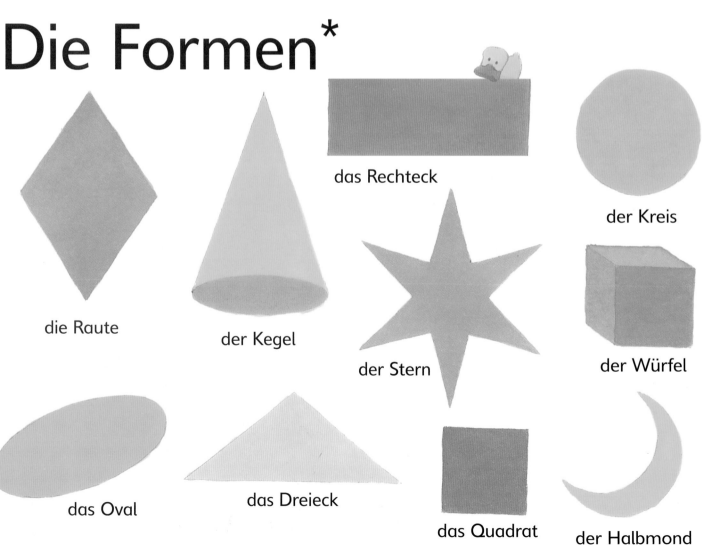

das Rechteck

der Kreis

die Raute

der Kegel

der Stern

der Würfel

das Oval

das Dreieck

das Quadrat

der Halbmond

Die Zahlen*

1	eins
2	zwei
3	drei
4	vier
5	fünf
6	sechs
7	sieben
8	acht
9	neun
10	zehn
11	elf
12	zwölf
13	dreizehn
14	vierzehn
15	fünfzehn
16	sechzehn
17	siebzehn
18	achtzehn
19	neunzehn
20	zwanzig

Der Jahrmarkt

das Karussell

die Zuckerwatte

das Riesenrad

die Geisterbahn

das Popcorn

die Skooter*

das Ringwerfen

die Matte   die Rutschbahn

die Achterbahn

Der Zirkus

die Akrobatin

der Seiltänzer

der Stab

der Akrobat

das Trapez

das Seil

der Kunstradfahrer

die Strickleiter

das Sicherheitsnetz

das Kaninchen

der Zirkusdirektor

der Hund

der Reifen

der Zylinder

der Jongleur

die Fliege

die Kapelle

die Kunstreiterin

der Clown

55

Word list

In this list, you can find all the German words in this book, in alphabetical order. Next to each one, you can see its pronunciation (how to say it) in italic letters *like this*, and then its English translation.

Remember that German nouns (words for things) are either masculine, feminine or neuter (see page 3). In the list, each one has **der**, **die** or **das** in front of it. These all mean "the". The words with **der** are masculine, those with **die** are feminine, and those with **das** are neuter.

Die is also the word for "the" in front of a plural noun (a noun is plural if you are talking about more than one, for example "cats"). In the list, plural nouns are shown with **die** in front of them and are followed by *.

(see page 3)

About German pronunciation
Read the pronunciation as if it were an English word, but try to remember the following points about how German words are said:

- the German **ü** is said a bit like the "u" in "music"; it is shown as "ew" in the pronunciation guide

- the German **ch** is usually said like the "h" in "huge". After "a", "o", "u" or "au", though, **ch** is a grating "h" sound. It is more like the "ch" in the Scottish word "loch". It is shown as "kh" in the pronunciation guide

- the German **g** is always said like the "g" in "get"

- the German **r** is made at the back of the throat and sounds a little like growling.

A

das Abc	*dass ah-bay-tsay*	alphabet
der Abend	*dair ahbent*	evening
das Abendessen	*dass ahbent-essen*	supper
der Abfall	*dair apfal*	rubbish
der Abschlepp-wagen	*dair apshlepp-vahgen*	breakdown lorry
das Abzeichen	*dass ap-tsykhen*	badge
acht	*akht*	eight
die Achterbahn	*dee akhter-bahn*	roller coaster
achtzehn	*akh-tsayn*	eighteen
der Acker	*dair acker*	field
der Adler	*dair ahdler*	eagle
der Affe	*dair affer*	monkey
der Akrobat	*dair akrobaht*	acrobat (man)
die Akrobatin	*dee akrobahtin*	acrobat (woman)
die Algen*	*dee algen*	seaweed
alt	*alt*	old
der American Football	*dair amerikan football*	American football
die Ampel	*dee ampel*	traffic light
die Ananas	*dee annanass*	pineapple
die Angel	*dee angel*	fishing rod
das Angeln	*dass angeln*	fishing
der Angler	*dair angler*	fisherman
der Anhänger	*dair anhenger*	trailer
anschauen	*an-shaowen*	to look
der Apfel	*dair apfel*	apple
die Aprikose	*dee apree-kohzer*	apricot
das Aquarium	*dass akvahree-oom*	aquarium
der Arm	*dair arm*	arm
der Arzt	*dair artst*	doctor (man)
die Ärztin	*dee ertstin*	doctor (woman)
der Astronaut	*dair astro-naowt*	astronaut
auf	*aowf*	open
das Auge	*dass aowger*	eye
die Augenbraue	*dee aowgen-braower*	eyebrow
das Auto	*dass aowto*	car

B

der Bach	*dair bahkh*	stream
das Baby	*dass baby*	baby
die Bäckerin	*dee bekkerin*	baker (woman)
der Badeanzug	*dair bahder-antsook*	swimsuit
der Bademantel	*dair bahder-mantel*	dressing gown
die Badewanne	*dee bahder-vanner*	bath
das Badezimmer	*dass bahder-tsimmer*	bathroom
das Badminton	*dass badminton*	badminton
der Bagger	*dair bagger*	digger
der Bahnhof	*dair bahn-hohf*	(railway) station
der Bahnsteig	*dair bahn-shtyke*	platform
der Ball	*dair bal*	ball
der Ballon	*dair ballohn*	hot-air balloon
die Banane	*dee banahner*	banana
das Band	*dass bant*	ribbon
die Bank	*dee bank*	bench
der Bär	*dair bair*	bear
der Baseball	*dair basebol*	baseball
der Basketball	*dair basketbol*	basketball
basteln	*bassteln*	to make, to build
die Batterie	*dee batteree-er*	battery
der Bauch	*dair baowkh*	stomach
der Bauer	*dair baower*	farmer
das Bauernhaus	*dass baowern-haows*	farmhouse
der Bauernhof	*dair baowern-hohf*	farm
die Bauklötzchen*	*dee baowklerts-hyen*	bricks (toys)
der Baum	*dair baowm*	tree
die Bäume*	*dee boymer*	trees
die Baumstämme*	*dee baowm-shtemmer*	logs
das Beil	*dass byle*	axe
das Bein	*dass byne*	leg
das belegte Brot	*dass belaykter broht*	sandwich
das Benzin	*dass bentseen*	petrol
der Berg	*dair bairg*	mountain
die Besatzung	*dee bezatsoong*	cabin crew
der Besen	*dair bayzen*	broom
das Bett	*dass bett*	bed
das Bettlaken	*dass bett-lahken*	sheet
der Biber	*dair beeber*	beaver

die Biene	dee beener	bee
der Bienenstock	dair beenen-shtok	beehive
die Bilder*	dee bilder	pictures
die Birne	dee birner	pear
der Bison	dair bee-zohn	bison
blasen	blah-zen	to blow
die Blätter	dee bletter	leaves
blau	blaow	blue
der Bleistift	dair bly-shtift	pencil
der Blitz	dair blits	lightning
die Blockflöte	dee blok-flerter	recorder
die Blumen*	dee bloomen	flowers
das Blumenbeet	dass bloomen-bayt	flower bed
der Blumenkohl	dair bloomen-kohl	cauliflower
der Boden	dair bohden	floor
der Bogen	dair bohgen	bow
das Bogenschießen	dass bohgen-sheessen	archery
die Bohnen*	dee bohnen	beans
der Bohrer	dair bohrer	drill
die Bolzen*	dee boltsen	bolts
das Bonbon	dass bonbon	sweet
das Boot	dass boht	boat, ship
böse	berzer	bad (naughty)
die Bratpfanne	dee bratpfanner	frying pan
braun	braown	brown
die Braut	dee braowt	bride
der Bräutigam	dair broyteegam	bridegroom
die Brautjungfer	dee braowt-yoongfer	bridesmaid
das Brett	dass brett	plank
die Briefe*	dee breefer	letters
der Briefträger	dair breef-trayger	postman
die Brille	dee briller	glasses (to wear)
das Brot	dass broht	bread
die Brötchen*	dee brert-hyen	bread rolls
die Brücke	dee brewker	bridge
der Bruder	dair brooder	brother
die Brust	dee broost	chest
die Bücher*	dee bewkher	books
das Bügelbrett	dass bewgelbrett	ironing board
das Bügeleisen	dass bewgel-eyezen	iron
der Buggy	dair buggy	pushchair
der Bürgersteig	dair bewrger-shtike	pavement
die Bürste	dee bewrster	brush
der Bus	dair booss	bus
der Busch	dair boosh	bush
der Busfahrer	dair boossfahrer	bus driver
die Butter	dee bootter	butter

C

das Café	dass kafay	café
die Chips*	dee chips	crisps
die Clementine	dee klementeener	clementine
der Clown	dair clown	clown
das Comicheft	dass komik-heft	comic
der Computer	dair computer	computer
die Cornflakes*	dee cornflakes	cornflakes
der Cousin	dair koozeen	cousin (boy)

D

das Dach	dass dakh	roof
der Dachs	dair dakhs	badger
die Dampfwalze	dee dampf-valtser	roller
der Daumen	dair daowmen	thumb
die Daunendecke	dee daownen-dekker	duvet
die Decke	dee dekker	ceiling
der Delfin	dair delfeen	dolphin
denken	denken	to think
dick	dick	fat
Dienstag	deenstag	Tuesday
Donnerstag	donnerstag	Thursday
das Dorf	dass dorf	village
der Drachen	dair drakhen	kite
das Drachenfliegen	dass drakhen-fleegen	hang-gliding
draußen	draowssen	outside
drei	dry	three
das Dreieck	dass dry-ek	triangle
das Dreirad	dass dry-rat	tricycle
dreizehn	dry-tsayn	thirteen
drinnen	drinnen	inside
dunkel	doonkel	dark
dünn	dewn	thin
der Dunst	dair doonst	mist
die Dusche	dee doosher	shower
die DVD	dee day-fa-day	DVD

E

die Ehefrau	dee ayer-fraow	wife
der Ehemann	dair ayer-mann	husband
die Eier*	dee eyer	eggs
das Eichhörnchen	dass eye-khern-hyen	squirrel
der Eimer	dair eye-mer	bucket
einfach	ine-fakh	easy
der Einkaufswagen	dair ine-kaowfs-vahgen	shopping trolley
eins	ine-ts	one
das Eis	dass ice	ice cream
der Eisbär	dair ice-bair	polar bear
der Eisberg	dair ice-bairg	iceberg
die Eisenbahn	dee eye-zen-bahn	train set
der Elefant	dair elefant	elephant
elf	elf	eleven
der Ellbogen	dair ell-bohgen	elbow
die Entchen*	dee ent-hyen	ducklings
die Enten*	dee enten	ducks
die Erbsen*	dee airbsen	peas
die Erdbeere	dee aird-berer	strawberry
die Erde	dee airder	earth
der Erste	dair airster	first
der Esel	dair ay-zel	donkey
essen	essen	to eat
das Essen	dass essen	food
die Eule	dee oyler	owl

F

die Fabrik	dee fabreek	factory
die Fahne	dee fahner	flag
das Fahrrad	dass fahrrat	bicycle
der Fahrkartenautomat	dair fahrkarten-aowtomat	ticket machine
fallen	fallen	to fall
der Fallschirm	dair fallsheerm	parachute
die Familie	dee fameelee-er	family
fangen	fangen	to catch
die Farben*	dee farben	colours, paints
der Farbtopf	dair farb-topf	paint pot
das Fass	dass fass	barrel
die Federn*	dee fay-dern	feathers

German	Pronunciation	English
fegen	*faygen*	to sweep
die Feile	*dee fyler*	file
die Feier	*dee fy-er*	party
die Felsen*	*dee felzen*	rocks
das Fenster	*dass fenster*	window
die Ferkel*	*dee fairkel*	piglets
der Fernseher	*dair fairn-zayer*	television
die Festtage*	*dee festtager*	special days, holidays
die Festung	*dee festoong*	fort
das Feuer	*dass foyer*	fire
das Feuerwehrauto	*dass foyer-vair-aowtoh*	fire engine
der Feuerwehr-mann	*dair foyer-vair-mann*	firefighter
das Feuerwerk	*dass foyer-vairk*	fireworks
die Filzstifte*	*dee filts-shtifter*	felt-tips
die Finger*	*dee finger*	fingers
der Fisch	*dair fish*	fish
das Fischerboot	*dass fisher-boht*	fishing boat
die Flaschen*	*dee flashen*	bottles
die Fledermaus	*dee flayder-mouse*	bat
das Fleisch	*dass fly-sh*	meat
die Fliege	*dee fleeger*	fly, bow tie
die Flossen*	*dee flossen*	flippers
der Flügel	*dair flew-gel*	wing
der Flughafen	*dair flook-hahfen*	airport
das Flugzeug	*dass flook-tsoyk*	plane
der Flur	*dair floohr*	hall
der Fluss	*dair flooss*	river
die Formen*	*dee formen*	shapes
die Fotos*	*dee fotos*	photographs
der Fotoapparat	*dair fotoh-apparat*	camera
der Fotograf	*dair fotograhf*	photographer
die Frau	*dee fraow*	woman
Freitag	*fry-tag*	Friday
der Friseur	*dair free-zuhr*	hairdresser
der Frosch	*dair frosh*	frog
der Frost	*dair frost*	frost
der Fruchtsaft	*dair frookht-zaft*	fruit juice
der Frühling	*dair frew-ling*	spring
das Frühstück	*dass frew-shtewk*	breakfast
der Fuchs	*dair fookhs*	fox
die Fuchswelpen*	*dee fookhs-velpen*	fox cubs
der Füller	*dair fewller*	fountain pen
fünf	*fewnf*	five
fünfzehn	*fewnf-tsayn*	fifteen
der Fuß	*dair fooss*	foot
der Fußball	*dair fooss-bal*	football
das Futter	*dass footter*	food (for animals)

G

die Gabeln*	*dee gah-beln*	forks
die Gänse*	*dee genser*	geese
der Garten	*dair garten*	garden
die Gäste*	*dee gesster*	guests
der Geburtstag	*dair geboorts-tag*	birthday
die Geburtstags-karte	*dee geboorts-tags-karter*	birthday card
der Geburtstags-kuchen	*dair geboorts-tags-kookhen*	birthday cake
die Gefäße*	*dee gefaysser*	jars
Gegensätze*	*gaygen-zetser*	opposites
gehen	*gay-en*	to walk, to go
die Geisterbahn	*dee guyster-bahn*	ghost train
gelb	*gelb*	yellow
das Geld	*dass gelt*	money

German	Pronunciation	English
der Geldbeutel	*dair gelt-boytel*	purse
das Gemüse	*dass gemewzer*	vegetables
das Geschäft	*dass gesheft*	shop
das Geschenk	*dass geshenk*	present
die Geschenke*	*dee geshenker*	presents
das Geschirrtuch	*dass gesheer-tookh*	tea towel
das Gesicht	*dass gezikht*	face
das Gewächshaus	*dass gevekhs-house*	greenhouse
die Gießkanne	*dee geese-kanner*	watering can
der Gips	*dair gips*	cast
die Giraffe	*dee gee-raffer*	giraffe
die Girlande	*dee geer-lander*	paper chains
die Gitarre	*dee gee-tarrer*	guitar
die Gläser*	*dee glayzer*	glasses (for drinking), jars
der Globus	*dair glohbooss*	globe
die Glühbirne	*dee glewbirner*	lightbulb
die Goldfische*	*dee goltfisher*	goldfish
der Gorilla	*dair gorilla*	gorilla
graben	*grah-ben*	to dig
die Grapefruit	*dee grapefroot*	grapefruit
das Gras	*dass grass*	grass
grau	*graow*	grey
groß	*gross*	big
die Großmutter	*dee gross-mootter*	grandmother
der Großvater	*dair gross-fahter*	grandfather
grün	*grewn*	green
die Grußkarten*	*dee grooss-karten*	cards
die Gurke	*dee goorker*	cucumber
der Gürtel	*dair gewrtel*	belt
der Güterzug	*dair gewter-tsoog*	goods train

H

German	Pronunciation	English
das Haar	*dass har*	hair
die Hacke	*dee hakker*	hoe
hacken	*hakken*	to chop
der Hahn	*dair hahn*	cockerel
das Hähnchen	*dass hehn-hyen*	chicken (cooked)
der Haifisch	*dair hy-fish*	shark
der Halbmond	*dair halp-mont*	crescent
der Hals	*dair halss*	neck
die Halskette	*dee halss-ketter*	necklace
der Hamburger	*dair hamboorger*	hamburger
der Hammer	*dair hammer*	hammer
der Hamster	*dair hamster*	hamster
die Hand	*dee hant*	hand
die Handschuhe*	*dee hant-shooer*	gloves
die Handtasche	*dee hant-tasher*	handbag
das Handtuch	*dass hant-tookh*	towel
hart	*hart*	hard
das Haus	*dass house*	house
das Haustier	*dass house-teer*	pet
die Haustiere*	*dee house-teerer*	pets
die Hecke	*dee hekker*	hedge
das Heft	*dass heft*	notebook
heiß	*hice*	hot
der Heizkörper	*dair hyts-kerper*	radiator
hell	*hell*	light
der Helm	*dair helm*	helmet
das Hemd	*dass hemt*	shirt
der Herbst	*dair hairpst*	autumn
der Herd	*dair hairt*	cooker
das Heu	*dass hoy*	hay
der Heuboden	*dair hoy-bohden*	hayloft
die Heugabel	*dee hoy-gahbel*	fork
der Heuhaufen	*dair hoy-haowfen*	haystack
die Himbeere	*dee himbairer*	raspberry

German	Pronunciation	English
der Himmel	*dair himmel*	sky
hinten	*hinten*	back
der Hirsch	*dair hirsh*	deer
der Hobel	*dair hohbel*	shaving plane
hoch	*hokh*	high
das Hochhaus	*dass hokh-house*	block of flats
die Hochzeit	*dee hokh-tsyte*	wedding
der Hocker	*dair hokker*	stool
das Holz	*dass holts*	wood
der Honig	*dair hohnikh*	honey
die Hörner*	*dee herner*	horns
die Hose	*dee hohzer*	trousers
das Hotel	*dass hoh-tell*	hotel
der Hubschrauber	*dair hoop-shraowber*	helicopter
der Hügel	*dair hewgel*	hill
die Hühner*	*dee hewner*	hen
der Hühnerstall	*dair hewner-shtal*	hen house
der Hund	*dair hoont*	dog
die Hundeleine	*dee hoonder-liner*	(dog) lead
die Hundehütte	*dee hoonder-hewtter*	kennel
hüpfen	*hewpfen*	to skip
der Hut	*dair hoot*	hat

I

German	Pronunciation	English
ich	*ikh*	I, me
der Igel	*dair eegel*	hedgehog
die Inlineskates*	*dee inlineskates*	roller blades
die Insel	*dee inzel*	island

J

German	Pronunciation	English
die Jacke	*dee yakker*	jacket
die Jahreszeiten*	*dee yaress-tsyten*	seasons
der Jahrmarkt	*dair yar-markt*	fairground
die Jalousie	*dee jaloozee*	blind (window)
die Jeans*	*dee djeanz*	jeans
das Jogging	*dass djogging*	jogging
der Joghurt	*dair yogoort*	yogurt
der Jongleur	*dair jongluhr*	juggler
das Judo	*dass yoodo*	judo
der Junge	*dair yoonger*	boy

K

German	Pronunciation	English
die Kacheln*	*dee kakheln*	tiles
der Kaffee	*dair kaffay*	coffee
der Käfig	*dair kayffikh*	cage
der Kakao	*dair kaka-o*	hot chocolate
das Kalb	*dass kalp*	calf
der Kalender	*dair kalender*	calendar
kalt	*kalt*	cold
das Kamel	*dass kamel*	camel
der Kamm	*dair kamm*	comb
der Kanal	*dair kanahl*	canal
der Kanarienvogel	*dair kannaree-en-fogel*	canary
das Känguru	*dass kengooroo*	kangaroo
das Kaninchen	*dass kaneen-hyen*	rabbit
das Kanu	*dass kanoo*	canoe
die Kapelle	*dee kappeller*	band
die Kappe	*dee kapper*	cap
das Karate	*dass karatay*	karate
die Karotte	*dee karrotter*	carrot
der Karren	*dair karren*	cart
die Kartoffeln*	*dee kartoffeln*	potatoes
der Kartoffelbrei	*dair kartoffel-bry*	mashed potatoes
das Karussell	*dass karroosell*	roundabout
der Käse	*dair kayzer*	cheese
die Kasse	*dee kasser*	checkout
das Kätzchen	*dass kets-hyen*	kitten
die Katze	*dee katzer*	cat
kaufen	*kaowfen*	to buy
die Kaulquappen*	*dee kaowl-kvappen*	tadpoles
der Kegel	*dair kaygel*	cone
der Keks	*dair keks*	biscuit
der Kellner	*dair kellner*	waiter
die Kellnerin	*dee kellnerin*	waitress
die Kerze	*dee kairtse*	candle
der Kessel	*dair kessel*	kettle
das Ketchup	*dass ketchup*	tomato sauce
die Kieselsteine*	*dee keezel-shtiner*	pebbles
die Kinder	*dee kinnder*	children
der Kinderwagen	*dair kinnder-vahgen*	pushchair
das Kinn	*dass kinn*	chin
das Kino	*dass keeno*	cinema
die Kirsche	*dee kirsher*	cherry
das Kissen	*dass kissen*	cushion
das Klavier	*dass klaveer*	piano
der Klebstoff	*dair klayb-shtof*	glue
das Kleid	*dass klyde*	dress
die Kleiderhaken*	*dee klyder-hahken*	clothes peg
der Kleiderschrank	*dair klyder-shrank*	wardrobe
die Kleidung	*dee kly-doong*	clothes
klein	*kline*	small
klettern	*klettern*	to climb
das Klettern	*dass klettern*	climbing
die Klippe	*dee klipper*	cliff
das Knie	*dass k-nee*	knee
der Knochen	*dair k-nokhen*	bone
die Knöpfe*	*dee k-nerpfer*	buttons
die Knopflöcher*	*dee k-nopf-lerkher*	buttonholes
der Koch	*dair kokh*	cook
kochen	*kokhen*	to cook
die Kochlöffel*	*dee kokh-lerfel*	wooden spoons
der Köder	*dair kerder*	bait
der Koffer	*dair koffer*	suitcase
der Kofferraum	*dair koffer-raowm*	boot (car)
der Kohl	*dair kohl*	cabbage
die Kommode	*dee komohder*	chest of drawers
die Konfitüre	*dee konfee-tewrer*	jam
die Konserven*	*dee konsairven*	tins
der Kontrollturm	*dair kontroll-toorm*	control tower
der Kopf	*dair kopf*	head
das Kopfkissen	*dass kopf-kissen*	pillow
der Korb	*dair korp*	basket
die Kostüme*	*dass kostewmer*	fancy dress
der Kran	*dair krahn*	crane
das Krankenhaus	*dass kranken-house*	hospital
der Krankenwagen	*dair kranken-vahgen*	ambulance
der Krankenpfleger	*dair kranken-pflayger*	nurse (man)
die Krawatte	*dee kravatter*	tie
der Krebs	*dair kreps*	crab
die Kreide	*dee kryder*	chalk
der Kreis	*dair krysse*	circle
das Kricket	*dass kriket*	cricket
kriechen	*kreekhen*	to crawl
das Krokodil	*dass krokodeel*	crocodile
die Kröte	*dee krerter*	toad
die Krücken*	*dee krewkken*	crutches
die Küche	*dee kewkher*	kitchen
der Kuchen	*dair kookhen*	cake

German	Pronunciation	English
die Kuh	*dee kooh*	cow
der Kühlschrank	*dair kewl-shrank*	refrigerator
der Kuhstall	*dair kooh-shtal*	cowshed
die Küken*	*dee kewkken*	chicks
die Künstlerin	*dee kewnstlerin*	artist (woman)
der Kunstradfahrer	*dair koonstrat-fahrer*	trick cyclist
die Kunstreiterin	*dee koonst-ryterin*	bareback rider (woman)
der Kürbis	*dair kewrbiss*	pumpkin
kurz	*koorts*	short

L

lächeln	*lekheln*	to smile
lachen	*lakhen*	to laugh
der Laden	*dair lahden*	shop
die Lämmer*	*dee lemmer*	lambs
die Lampe	*dee lamper*	lamp
die Landebahn	*dee lander-bahn*	runway
die Landkarte	*dee lant-karter*	map
die Landschaft	*dee lantshaft*	countryside
lang	*lang*	long
langsam	*langzam*	slowly
der Lastkahn	*dair lasst-kahn*	barge
der Lastwagen	*dair lasst-vahgen*	lorry
die Lastwagen-fahrerin	*dee lasst-vahgen-fahrerin*	lorry driver (woman)
der Lauch	*dair laowkh*	leek
lebendig	*lebenndikh*	alive
leer	*layr*	empty
die Lehrerin	*dee layrerin*	teacher (woman)
die Leiter	*dee ly-ter*	ladder
der Leopard	*dair layo-pard*	leopard
lesen	*layzen*	to read
der Letzte	*dair letzter*	last
der Leuchtturm	*dair loykht-toorm*	lighthouse
die Leute*	*dee loyter*	people
lieb	*leep*	good
der Lieferwagen	*dair leefer-vahgen*	van
der Liegestuhl	*dair leeger-shtool*	deckchair
der Lift	*dair lift*	lift
lila	*leela*	purple
das Lineal	*dass leenay-ahl*	ruler
links	*links*	(on/to the) left
die Lippen*	*dee lippen*	lips
das Loch	*dass lokh*	hole
die Lokomotive	*dee lokko-moteever*	engine (train)
der Löwe	*dair lerver*	lion
die Löwenjungen*	*dee lerven-yoongen*	lion cubs
der Luftballon	*dair looft-ballohn*	(hot-air) balloon

M

das Mädchen	*dass mayd-hyen*	girl
malen	*mahlen*	to paint
der Maler	*dair mahler*	painter
der Malkasten	*dair mahlkasten*	paintbox
der Mann	*dair mann*	man
der Mantel	*dair mantel*	coat
der Marienkäfer	*dair maree-en-kayfer*	ladybird
die Marionetten*	*dee mareeo-netten*	puppets
der Markt	*dair markt*	market
die Masken*	*dee masken*	masks
das Maßband	*dass mass-bant*	tape measure
die Matte	*dee matter*	mat

German	Pronunciation	English
der Maulwurf	*dair maowl-voorf*	mole
die Maus	*dee mouse*	mouse
der Mechaniker	*dair mekhaniker*	mechanic (man)
die Mechanikerin	*dee mekhanikerin*	mechanic (woman)
die Medizin	*dee meditseen*	medicine
das Meer	*dass mair*	sea
das Meer-schweinchen	*dass mair-shvine-hyen*	guinea pig
das Mehl	*dass mayl*	flour
die Melone	*dee melohner*	melon
die Messer*	*dass messer*	knife
der Metzger	*dair mets-ger*	butcher
die Milch	*dee milkh*	milk
das Mittagessen	*dass mittag-essen*	lunch
Mittwoch	*mit-vokh*	Wednesday
der Mond	*dair mont*	moon
Montag	*mohntag*	Monday
der Mopp	*dair mopp*	mop
der Morgen	*dair morgen*	morning
der Motor	*dair motohr*	engine (car)
das Motorboot	*dass motohr-boht*	motor-boat
die Motorhaube	*dee motohr-haowber*	bonnet (car)
das Motorrad	*dass motohr-rat*	motorbike
die Motte	*dee motter*	moth
die Möwe	*dee merver*	seagull
der Mülleimer	*dair mewl-eyemer*	dustbin
der Mund	*dair moont*	mouth
die Mund-harmonika	*dee moont-harmonika*	mouth organ
die Murmeln*	*dee moormeln*	marbles
die Muschel	*dee mooshel*	seashell
die Mutter	*dee mootter*	mother
die Muttern*	*dee moottern*	nuts (nuts and bolts)

N

die Nacht	*dee nakht*	night
das Nachthemd	*dass nakht-hemt*	nightdress
der Nachtisch	*dair nakh-tish*	pudding
die Nägel*	*dee nay-gel*	nails
nah	*nah*	near
nähen	*nay-en*	to sew
die Nase	*dee nah-zer*	nose
das Nashorn	*dass nahs-horn*	rhinoceros
nass	*nass*	wet
der Nebel	*dair nay-bel*	fog
nehmen	*nay-men*	to take
das Netz	*dass nets*	net
neu	*noy*	new
neun	*noyn*	nine
neunzehn	*noyn-tsayn*	nineteen
niedrig	*needrikh*	low
das Nilpferd	*dass neel-pfert*	hippopotamus

O

oben	*ohben*	upstairs
die Oberste	*dee ohberster*	top
das Obst	*dass ohbst*	fruit
der Obstgarten	*dair ohbst-garten*	orchard
die Ohren*	*dee oaren*	ears
das Öl	*dass erl*	oil
das Omelett	*dass omlett*	omelette
der Onkel	*dair onkel*	uncle
orange	*oranjer*	orange (colour)
die Orange	*dee oranjer*	orange (fruit)
das Oval	*dass ovahl*	oval

P

German	Pronunciation	English
das Paddel	*dass paddel*	paddle
der Panda	*dair panda*	panda
die Pantoffeln*	*dee pantoffeln*	slippers
der Papagei	*dair pappa-guy*	parrot
das Papier	*dass papee-er*	paper
der Papierkorb	*dair papee-er-korp*	wastepaper bin
die Papiertücher*	*dee papee-er-tewkher*	tissues
der Park	*dair park*	park
der Pelikan	*dair pelikahn*	pelican
die Perlen*	*dee pairlen*	beads
der Pfannkuchen	*dair pfannkookhen*	pancake
der Pfeffer	*dair pfeffer*	pepper
die Pfeife	*dee pfyfer*	whistle
die Pfeile*	*dee pfyler*	arrows
das Pferd	*dass pfairt*	horse
der Pfirsich	*dair pfir-zikh*	peach
die Pflanze	*dee pflantser*	plant
die Pflanzkelle	*dee pflants-keller*	trowel
das Pflaster	*dass pflaster*	sticking plaster
die Pflaume	*dee pflaowmer*	plum
pflücken	*pflewken*	to pick
der Pflug	*dair pflook*	plough
die Pfoten*	*dee pfohten*	paws
die Pfütze	*dee pfewtser*	puddle
das Picknick	*dass pik-nik*	picnic
der Pilot	*dair peeloht*	pilot
der Pilz	*dair pilts*	mushroom
der Pinguin	*dair pingween*	penguin
der Pinsel	*dair pinzel*	paintbrush
die Pizza	*dee peetsa*	pizza
der Planet	*dair planayt*	planet
der Po	*dair poh*	bottom (body)
das Polizeiauto	*dass pollitsye-aowto*	police car
der Polizist	*dair pollitsist*	policeman
die Polizistin	*dee pollitsistin*	policewoman
die Pommes frites*	*dee pom freet*	chips
das Pony	*dass pony*	pony
das Popcorn	*dass popkorn*	popcorn
der Pressluft-hammer	*dair presslooft-hammer*	road drill
die Puffer*	*dee pooffer*	buffers
der Pulli	*dair poollee*	jumper
das Pult	*dass poolt*	desk
die Puppen*	*dee pooppen*	dolls
das Puppenhaus	*dass pooppen-house*	doll's house
das Puzzle	*dass poozle*	jigsaw

Q

das Quadrat	*dass kvadraht*	square

R

das Rad	*dass raht*	wheel
das Radfahren	*dass raht-fahren*	cycling
der Radiergummi	*dair radee-er-goomee*	rubber
das Radio	*dass rahdyo*	radio
die Rakete	*dee rakayter*	rocket
der Rasenmäher	*dair rahzen-mayer*	lawn mower
der Rasensprenger	*dair rahzen-shprenger*	sprinkler
der Rauch	*dair raowkh*	smoke
raufen	*raowfen*	to fight
die Raumfahrer*	*dee raowm-fahrrer*	spacemen
das Raumschiff	*dass raowmshiff*	spaceship
die Raupe	*dee raowper*	caterpillar
die Raute	*dee raowter*	diamond (shape)
der Rechen	*dair rekhen*	rake
die Rechen-aufgaben*	*dee rekhen-aowgahben*	sums
das Rechteck	*dass rekht-ek*	rectangle
rechts	*rekhts*	(on/to the) right
der Regen	*dair raygen*	rain
der Regenbogen	*dair raygen-bohgen*	rainbow
der Regenschirm	*dair raygen-shirm*	umbrella
rennen	*rennen*	to run
der Reifen	*dair ry-fen*	tyre, hoop
der Reis	*dair rice*	rice
Reisen	*ry-zen*	travel
die Reißnägel*	*dee rice-naygel*	tacks
der Reißverschluss	*dair rice-fairshlooss*	zip
das Reiten	*das ry-ten*	riding
der Rennwagen	*dair rennvahgen*	racing car
das Rentier	*dass rennteer*	reindeer
der Rhombus	*dair rombooss*	diamond (shape)
der Richter	*dair rikhter*	judge
das Riesenrad	*dass reezen-rad*	big wheel
der Ring	*dair ring*	ring
das Ringwerfen	*dass ring-vairfen*	hoop-la
der Roboter	*dair robohter*	robot
der Rock	*dair rock*	skirt
die Rohre*	*dee rohre*	pipes
der Rollstuhl	*dair roll-shtool*	wheelchair
rosa	*rohza*	pink
rot	*roht*	red
der Rücken	*dair rewken*	back (of body)
der Rucksack	*dair rookzak*	backpack
das Ruder	*dass rooder*	oar
das Ruderboot	*dass rooderboht*	rowing boat
das Rudern	*dass roodern*	rowing
das Rugby	*dass ragbee*	rugby
der Rüssel	*dair rewssel*	trunk (elephant)
die Rutsche	*dee rootsher*	slide
die Rutschbahn	*dee rootshbahn*	helter-skelter

S

die Säge	*dee zayger*	saw
das Sägemehl	*dass zayger-mayl*	sawdust
die Sahne	*dee zahner*	cream
der Salamander	*dair zalamander*	lizard
die Salami	*dee zalahmee*	salami
der Salat	*dair zalaht*	lettuce, salad
das Salz	*dass zalts*	salt
die Samen*	*dee zahmen*	seeds
Samstag	*zamstag*	Saturday
die Sandalen*	*dee zandahlen*	sandals
die Sandburg	*dee zant-boorg*	sandcastle
der Sandkasten	*dair zant-kasten*	sandpit
das Sandpapier	*dass zant-papee-er*	sandpaper
der Sänger	*dair zenger*	singer (man)
die Sängerin	*dee zengerin*	singer (woman)
der Sattel	*dair zattel*	saddle
sauber	*zaowber*	clean
die Schachtel	*dee shakhtel*	box
die Schafe*	*dee shahfer*	sheep
der Schäferhund	*dair shayferhoont*	sheepdog
die Schaffnerin	*dee shaffnerin*	ticket inspector (woman)
der Schal	*dair shahl*	scarf
der Schalter	*dair shalter*	switch

61

German	Pronunciation	English
die Schaufel	dee shaowfel	dustpan
die Schaukeln*	dee shaowkeln	swings
das Schaukelpferd	dass shaowkel-pfert	rocking horse
der Schauspieler	dair shaow-shpeeler	actor
die Schauspielerin	dee shaow-shpeelerin	actress
die Scheinwerfer*	dee shine-vairfer	headlights
die Schere	dee shairer	scissors
die Scheune	dee shoyner	barn
schieben	sheeben	to push
die Schienen*	dee sheenen	railway track
die Schießbude	dee sheess-booder	rifle range
das Schiff	dass shif	ship
die Schildkröte	dee shild-krerter	tortoise
der Schinken	dair shinken	ham
der Schlafanzug	dair shlafantsook	pyjamas
schlafen	shlahfen	to sleep
das Schlafzimmer	dass shlahf-tsimmer	bedroom
der Schläger	dair shlayger	racquet
der Schlamm	dair shlam	mud
die Schlange	dee shlanger	snake
der Schlauch	dair shlaowkh	hose
die Schleuse	dee shloyzer	lock (canal)
das Schließfach	dass shleess-fakh	locker
der Schlitten	dair shlitten	sleigh
die Schlittschuhe*	dee shlitt-shooer	ice skates
das Schlittschuhlaufen	dass shlitt-shoo-laowfen	ice-skating
der Schlüssel	dair shlewssel	key
der Schmetterling	dair shmetterling	butterfly
die Schminke	dee shminker	face paints
schmutzig	shmootsikh	dirty
der Schnabel	dair shnahbel	beak
die Schnalle	dee shnaller	buckle
die Schnecke	dee shnekker	snail
der Schnee	dair shnay	snow
schneiden	shnyden	to cut
schnell	shnell	fast
die Schnur	dee shnoor	string
der Schnürsenkel	dair shnewr-zenkel	shoelace
die Schokolade	dee shokkolahder	chocolate
der Schornstein	dair shorn-shtine	chimney
der Schrank	dair shrank	cupboard
die Schrauben*	dee shraowben	screws
der Schraubenschlüssel	dair shraowben-shlewssel	spanner
der Schraubenzieher	dair shraowben-tsee-er	screwdriver
der Schraubstock	dair shraowb-shtok	vice (tool)
schreiben	shryben	to write
der Schreiner	dair shryner	carpenter
der Schubkarren	dair shoop-karren	wheelbarrow
die Schublade	dee shoop-lahder	drawer
die Schuhe*	dee shoo-er	shoes
die Schule	dee shooler	school
der Schulhof	deair shoolhohf	playground
die Schultern*	dee shooltern	shoulders
der Schuppen	dair shooppen	shed
die Schürze	dee shewr-tser	apron
die Schüsseln*	dee shewsseln	bowls
der Schwamm	dair shvam	sponge
die Schwäne*	dee shvayner	swans
der Schwanz	dair shvants	tail
schwarz	shvarts	black
die Schweine*	dee shvyner	pigs
der Schweinestall	dair shvyner-shtal	pigsty
die Schwester	dee shvester	sister
schwierig	shvee-rikh	difficult
das Schwimmen	dass shvimmen	swimming
sechs	zekhs	six
sechzehn	zekh-tsayn	sixteen
der See	dair zay	lake
der Seehund	dair zay-hoont	seal
der Seemann	dair zay-mann	sailor
der Seestern	dair zay-shtern	starfish
das Segel	dass zaygel	sail
das Segelboot	dass zaygel-boht	sailing boat
das Segeln	dass zaygeln	sailing
die Seife	dee zyfer	soap
das Seil	dass zyle	rope
der Seiltänzer	dair zyle-tenzer	tightrope walker
der Sessellift	dair zessel-lift	chairlift
die Shorts*	dee shorts	shorts
das Sicherheitsnetz	dass zikher-hyts-nets	safety net
sieben	zeeben	seven
siebzehn	zeep-tsayn	seventeen
das Signal	dass zignahl	signal
singen	zingen	to sing
sitzen	zitsen	to sit
das Skateboard	dass skateboard	skateboard
der Ski	dair shee	ski
das Skilaufen	dass shee-laowfen	skiing
der Skistock	dair shee-shtok	ski pole
die Skooter*	dee skooter	dodgems
das Snowboarden	dass snowborden	snowboarding
die Socken*	dee zokken	socks
das Sofa	dass zofa	sofa
der Sohn	dair zohn	son
die Soldaten*	dee zoldaten	soldiers
der Sommer	dair zommer	summer
die Sonne	dee zonner	sun
der Sonnenhut	dair zonnen-hoot	sunhat
der Sonnenschirm	dair zonnen-shirm	beach umbrella
die Sonnenschutzcreme	dee zonnen-shootts-kraymer	suncream
Sonntag	zonn-tak	Sunday
die Spaghetti*	dee shpagettee	spaghetti
die Späne*	dee spayner	wood shavings
die Sparbüchse	dee shpar-bewkser	money box
der Spaten	dair shpahten	spade
der Spiegel	dair shpeegel	mirror
das Spiegelei	dass shpeegel-eye	fried egg
spielen	shpee-len	to play
die Spielkarten*	dee shpeel-karten	playing cards
die Spielsachen*	dee shpeel-zakhen	toys
das Spielzeug	dass shpeel-tsoyk	toys
der Spielzeugladen	dair shpeel-tsoyk-lahden	toyshop
der Spinat	dair shpinnaht	spinach
die Spinne	dee shpinner	spider
die Spinnweben*	dee shpinn-veben	cobweb
der Sport	dair shport	sport
sprechen	shprekhen	to speak
springen	shpringen	to jump
das Springen	dass shpringen	diving
das Springseil	dass shpring-zyle	skipping rope
die Spritze	dee shpritzer	syringe
die Spüle	dee shpewler	sink
der Stab	dair shtahb	pole
die Stäbchen*	dee shteb-hyen	chopsticks
die Staffelei	dee shtaffel-eye	easel

German	Pronunciation	English
der Stall	dair shtal	stable
der Stangensellerie	dair shtangen-zelleree-er	celery
die Statue	dee shtatue	statue
der Staubsauger	dair shtaowb-zaowger	vacuum cleaner
das Staubtuch	dass shtaowb-tookh	duster
die Steine	dee shtyner	stone
der Stern	dair shtairn	star
die Stiefel*	dee shteefel	boots
der Stier	dair shtee-er	bull
der Stock	dair shtok	stick
der Strand	dair shtrand	beach
die Straße	dee shtrasser	road, street
die Straßenlaterne	dee shtrassen-latairner	streetlap
die Straßenwalze	dee shtrassen-valtser	roller
der Strauß	dair shtraowss	ostrich
die Streichhölzer*	dee shtrykhe-herltser	matches
stricken	shtricken	to knit
die Strickjacke	dee shtrick-yakker	cardigan
die Strickleiter	dee shtrick-lyter	rope ladder
die Strohballen*	dee shtroh-ballen	straw bales
der Strohhalm	dair shtroh-halm	straw (for drinking)
die Strumpfhose	dee shtroompf-hohzer	tights
die Stufen*	dee shtoofen	steps
der Stuhl	dair shtool	chair
das Sumo	dass zoomo	sumo wrestling
die Suppe	dee zoopper	soup
das Sweatshirt	dass sweatshirt	sweatshirt
der Swimmingpool	dair swimmingpool	swimming pool

T

das Tablett	dass tablett	tray
die Tabletten*	dee tabletten	pills
die Tafel	dee tahfel	board (classroom)
die Tage*	dee tahger	days
der Tanker	dair tanker	tanker (ship)
die Tankstelle	dee tank-shteller	garage (petrol station)
der Tankwagen	dair tank-vahgen	tanker (lorry)
die Tante	dee tanter	aunt
der Tanz	dair tants	dance
tanzen	tantsen	to dance
der Tänzer	dair tentser	dancer (man)
die Tänzerin	dee tentserin	dancer (woman)
die Taschen*	dee taschen	pockets
das Taschenmesser	dass tashen-messer	penknife
das Taschentuch	dass tashen-tookh	handkerchief
die Tassen*	dee tassen	cups
Tätigkeiten*	taytikh-kyten	activities
der Tau	dair taow	dew
die Taube	dee taowber	pigeon
der Taucher	dair taowkher	frogman
das Taxi	dass taksee	taxi
der Teddybär	dair teddybair	teddy bear
der Tee	dair tay	tea
die Teekanne	dee taykanner	teapot
die Teelöffel*	dee tay-lerfel	teaspoons
der Teich	dair tykhe	pond
das Telefon	dass telefohn	telephone
das Teleskop	dass teleskop	telescope
die Teller*	dee teller	plates

German	Pronunciation	English
das Tennis	dass tennis	tennis
der Teppich	dair teppikh	carpet
das Thermometer	dass tairmomayter	thermometer
die Tiere*	dee teerer	animals
die Tierärztin	dee teer-ertstin	vet (woman)
der Tiger	dair teeger	tiger
die Tischdecke	dee tish-dekker	tablecloth
der Tisch	dair tish	table
das Tischtennis	dass tish-tennis	table tennis
der Toast	dair toast	toast
die Tochter	dee tokh-ter	daughter
die Toilette	dee twaletter	toilet
das Toilettenpapier	dass twaletten-papeer	toilet paper
die Tomate	dee tomahter	tomato
der Ton	dair tohn	clay
die Töpfe*	dee terpfer	saucepans
das Tor	dass tor	gate
tot	toht	dead
tragen	trahgen	to carry
die Tragetasche	dee trahger-tasher	carrier bag
der Traktor	dair traktor	tractor
das Trapez	dass tra-payts	trapeze
die Trauben*	dee traowben	grapes
die Treppe	dee trepper	stairs
trinken	trinken	to drink
trocken	trokken	dry
die Trommeln*	dee trommeln	drums
die Trompete	dee trompayter	trumpet
die Truthähne*	dee troot-hairner	turkeys
das T-Shirt	dass tee-shirt	T-shirt
der Tunnel	dair toonnel	tunnel
die Tür	dee tewr	door
die Türklinke	dee tewr-klinker	door handle
das Turnen	dass toornen	gymnastics
die Turnschuhe*	dee toorn-shoo-er	trainers (shoes)

U

über	ew-ber	over
das U-Boot	dass oo-boht	submarine
die Uhr	dee oor	clock, watch
der Umkleideraum	dair oom-klyderaowm	changing room
unten	oonten	at the bottom, downstairs
unter	oonter	under
das Unterhemd	dass oonterhemt	vest
die Unterhose	dee oonter-hohzer	pants
die Unterste	dee oonterster	bottom (not top)
die Untertassen*	dee oontertassen	saucers
der Urlaub	dair oorlaowp	holiday

V

der Vater	dair fahter	father
der Verband	dair fairbannt	bandage
verstecken	fairshtecken	to hide
viele	feeler	many
vier	feer	four
vierzehn	feer-tsayn	fourteen
die Vögel*	dee fergel	bird
das Vogelnest	dass fohgel-nest	bird's nest
die Vogelscheuche	dee fohgel-shoykher	scarecrow
voll	foll	full
der Vorhang	dair forhang	curtain
der Vorleger	dair forlayger	rug
vorn	forn	in front

W

German	Pronunciation	English
die Waage	*dee vahger*	scales
die Wachsmalstifte*	*dee vakhsmahl-shtifter*	crayons
die Wagen*	*dee vahgen*	carriages (train)
der Wal	*dair vahl*	whale
der Wald	*dair valt*	forest
die Wand	*dee vant*	wall
die Wange	*dee vanger*	cheek
warten	*varten*	to wait
das Wartezimmer	*dass vartertsimmer*	waiting room
waschen	*vashen*	to wash
die Waschanlage	*dee vash-anlahger*	car wash
das Waschbecken	*dass vash-bekken*	basin
die Waschmaschine	*dee vash-masheener*	washing machine
das Waschpulver	*dass vash-poolver*	washing powder
das Wasser	*dass vasser*	water
der Wasserfall	*dair vasserfall*	waterfall
der Wasserhahn	*dair vasserhahn*	tap
die Wasserski-läuferin	*dee vassershee-loyferin*	water-skier (woman)
die Watte	*dee vatter*	cotton wool
der Weg	*dair vayk*	path
der Wegweiser	*dair vayk-vyzer*	signpost
weich	*vykh*	soft
das weichgekochte Ei	*dass vykh-gekokhter eye*	boiled egg
Weihnachten	*vynakhten*	Christmas
der Weihnachtsbaum	*dair vynakhts-baowm*	Christmas tree
der Weihnachtsmann	*dair vynakhts-mann*	Father Christmas
weinen	*vy-nen*	to cry
weiß	*vyce*	white
weit	*vyte*	far
die Wellen*	*dee vellen*	waves
der Wellensittich	*dair vellen-zittikh*	budgerigar
der Welpe	*dair vellper*	puppy
der Weltraum	*dair velt-raowm*	space
wenige	*vay-niger*	few
werfen	*vair-fen*	to throw
die Werkbank	*dee vairk-bank*	workbench
die Werkstatt	*dee vairk-shtat*	workshop
der Werkzeugkasten	*dair vairk-tsoyg-kasten*	tool box
die Wespe	*dee vesper*	wasp
das Wetter	*dass vetter*	weather
das Wettrennen	*dass vett-rennen*	race
der Wind	*dair vint*	wind
die Windel	*dee vindel*	nappy
die Windmühle	*dee vint-mewler*	windmill
das Windsurfen	*dass vint-zoorfen*	windsurfing
der Winter	*dair vinter*	winter
die Wippe	*dee vipper*	seesaw
der Wohnwagen	*dair vohn-vahgen*	caravan
das Wohnzimmer	*dass vohn-tsimmer*	living room
der Wolf	*dair volf*	wolf
die Wolke	*dee volker*	cloud
der Würfel	*dair vewrfel*	cube
die Würfel*	*dee vewrfel*	dice
der Wurm	*dair voorm*	worm
die Wurst	*dee voorst*	sausage

Z

die Zahlen*	*dee tsahlen*	numbers
die Zähne*	*dee tsayner*	teeth
die Zahnärztin	*dee tsahn-ertstin*	dentist (woman)
die Zahnbürste	*dee tsahn-bewrster*	toothbrush
die Zahnpasta	*dee tsahn-pasta*	toothpaste
die Zapfsäule	*dee tsapf-soyler*	petrol pump
der Zaun	*dair tsaown*	fence, railings
das Zebra	*dass tsaybra*	zebra
der Zebrastreifen	*dass tsaybra-shtryfen*	zebra crossing
die Zehen*	*dee tsay-en*	toes
zehn	*tsayn*	ten
die Zeichnung	*dee tsykh-noong*	drawing
die Zeitung	*dee tsy-toong*	newspaper
die Zelte*	*dee tselter*	tents
zerbrechen	*tsairbrekhen*	to break
die Ziege	*dee tseeger*	goat
die Ziegelsteine*	*dair tseegel-shtyner*	bricks
ziehen	*tsee-en*	to pull
die Zielscheibe	*dee tseel-shyber*	target
der Zirkus	*dair tsir-kooss*	circus
der Zirkusdirektor	*dair tsir-kooss-deerektor*	ring master
die Zitrone	*dee tsee-trohner*	lemon
zu	*tsoo*	closed
der Zucker	*dair tsookker*	sugar
die Zuckerwatte	*dee tsookker-vatter*	candy floss
der Zug	*dair tsook*	train
der Zugführer	*dair tsook-fewrer*	train driver
zu Hause	*tsoo haowzer*	at home
zuhören	*tsoo-heren*	to listen
die Zunge	*dee tsoonger*	tongue
zwanzig	*tsvantsikh*	twenty
zwei	*tsvy*	two
die Zweige*	*dee tsvyger*	twigs
die Zwiebel	*dee tsveebel*	onion
zwölf	*tsverlf*	twelve
der Zylinder	*dair tsewlinder*	top hat